SASQUATCH

SASQUATCH

Dánta ¦ Poems

English translations by the author

Gabriel Rosenstock

ARLEN
HOUSE

SASQUATCH

is published in 2013 by/Foilsithe i 2013 ag
ARLEN HOUSE
42 Grange Abbey Road
Baldoyle
Dublin 13
Ireland
Fón/Facs: 00 353 86 8207617
Ríomhphost: arlenhouse@gmail.com
arlenhouse.blogspot.com

International distribution/Dáileoirí idirnáisiúnta
SYRACUSE UNIVERSITY PRESS
621 Skytop Road, Suite 110
Syracuse, NY 13244–5290
Fón: 315–443–5534/Facs: 315–443–5545
Ríomhphost: supress@syr.edu
www.syracuseuniversitypress.syr.edu

978–1–85132–064–6, hardback/crua
978–1–85132–065–3, paperback/bog

Clóchur ¦ Arlen House
Priontáil ¦ Brunswick Press
Cover artwork ¦ Mohsin Shafi

Tá Arlen House buíoch de
Chlár na Leabhar Gaeilge
agus d'Fhoras na Gaeilge

Foras na Gaeilg

CONTENTS

SASQUATCH

Prologue

A sasquatch drowned last night
none of his ilk survive
to weep for him

BROLLACH

Bádh sasquatch aréir
    ní raibh éinne dá mhuintir beo
        éinne in aon chor a chaoinfeadh é

The Sasquatch Looks at Himself

The sasquatch looks at himself
in the water
does not know what he sees
or who he is
never saw himself
as anything –
anything in particular

Féachann an Sasquatch Air Féin

Féachann an sasquatch air féin
san uisce
níl a fhios aige cad atá ann
ná cé hé féin
níor fhéach sé riamh air féin
mar aon ní –
aon ní ar leithligh

Bird in Flight

The sasquatch sees a bird in flight
when it disappears
something inside him says
you too will disappear

how
        when
                  why
he knows not

Éan ar Eite

Feiceann an sasquatch
éan ar eite
nuair a imíonn sé as radharc
labhrann rud éigin ann féin:
imeoidh tusa leis

conas
        cathain
                  cén fáth
ní heol dó

Colours of the Heavens

When the colours of the heavens
reflect those of the earth
the sasquatch roams freely
invisibly

DATHANNA NA SPÉARTHA

Nuair a léiríonn dathanna an domhain
dathanna na spéartha
téann an sasquatch ar fán gan beann ar éinne
dofheicthe

When He Looked in the Window

The sasquatch saw a creature
seated on a chair
feet up
reading a newspaper
smoke coming out of his mouth

a glass of blood beside him

Nuair a d'Fhéach Sé an Fhuinneog Isteach

Chonaic an sasquatch neach
ina shuí i gcathaoir
a chosa in airde aige
nuachtán á léamh aige
gal ag teacht amach as a bhéal

gloine fola taobh leis

Five Hundred Yards Away

The sasquatch
can smell

when something
is smelling him

Cúig Chéad Slat Uaidh

Bolaíonn
an sasquatch é

nuair a bhíonn rud éigin
á bholú san

Once By the Coast

The sasquatch dreamed
he had found another:
one with whom
his race would continue

he awoke

rocks they were
in the sea
bare reefs

Tráth Cois Cósta

Taibhríodh don sasquatch
go raibh neach aimsithe aige:
an té lena mbuanódh sé
a chine

dhúisigh sé

ní raibh iontu ach carraigeacha
san fharraige
sceirí loma

Flowers

When he first
plucked a flower
the sasquatch wanted
more than anything else
to give it away
but to whom?

Bláthanna

Nuair a stoith sé
bláth den chéad uair
theastaigh ón sasquatch
thar aon ní eile
é a thabhairt uaidh
ach cé di?

The Smoothness of Stones

When the sasquatch saw them
all those smooth stones
he wondered what could have done it
wind
sea
corrosive cry of gulls

here I'll lie, he thought,
become like them

Míne na gCloch

Nuair a leag an sasquatch súil orthu
na clocha míne sin go léir
b'ionadh leis conas a tharla sé
gaoth
muir
scread chreimneach na bhfaoileán

luífead anseo, ar sé leis féin,
bead ar nós na gcloch

Fresh Paint

the sasquatch lies on his back
allowing the day
to paint his mind

no day is ever like another

Péint Úr

Luíonn an sasquatch ar a dhroim
is ligeann don lá
a aigne a phéinteáil

ní bhíonn aon dá lá mar a chéile

Stars

Nothing but his own desires
taught him how to read
the stars

he followed them
they, him

Réaltaí

Gan aon ní á theagasc
ach a mhianta
chuir sé eolas ar na réaltaí

lean sé iad
lean siadsan eisean

Too Much

Woods
meadows
have ears
eyes
noses

sometimes
it's all too much
for the sasquatch

An Iomarca

Tá cluasa
ar na coillte
ar na móinéir
súile
sróna

uaireanta
bíonn breis is a dhóthain de
ag an sasquatch

Cloud

The sasquatch followed a cloud
for three whole days he followed it
through the night
not knowing where it would lead him

on the fourth day
the cloud merged with other clouds

perplexed, he retraced his steps

Scamall

Lean an sasquatch scamall
ar feadh trí lá lean sé é
lean tríd an oíche é
gan fhios aige cá dtabharfaí é

ar an gceathrú lá
bádh an scamall i scamaill eile

d'fhill sé ar a choiscéim, é suaite go maith

Flowers Again

Flowers again today
for me, he asks
from
        whom
                    from whom

the mountains are silent

Bláthanna Arís

Bláthanna arís inniu
domsa, ar seisean leis féin
cé
  uaidh
           cé uaidh

sléibhte ina dtost

When Snowy Peaks Call

The sasquatch obeys

time for whiteness
and cascades

time to look up
look back on all his days

Nuair a Ghlaonn na Beanna Bána

Géilleann an sasquatch dóibh

is í uair na báine í
is na mearchaisí

is mithid féachaint inairde
is féachaint siar

CHOICES

When a path branches
to the left, to the right
the sasquatch turns back
knowing only one path

Roghanna

Má théann conair
ar dheis, ar chlé
casann an sasquatch ar ais
ní heol dó ach conair amháin

Mother

Once he saw the scent
of his mother
lingering in milky light

moon on ocean

Máthair

D'aimsigh sé cumhracht
a mháthar uair
i solas lachtach na gealaí

sa tsáile

Wolves

They hunted him for more than an hour
but he knew places
they could never dream of

saw their dreams before they were formed

Faolchúnna

Bhíodar breis is uair an chloig á sheilg
ach b'fheasach dósan áiteanna
nár taibhríodh riamh dóibh

fios a dtaibhreamh aige

Crescent Moon

Who is eating it?
Who is eating it?
Who is eating the moon?

Gealach Dheirceach

Cé atá á hithe?
Cé atá á hithe?
Cé atá ag ithe na gealaí?

Somewhere

Out there
in the mountain meadow
warmed by the sun
father lies

stone dead
by now

Áit Éigin

Amuigh ansin
sa mhóinéar sléibhe
á théamh ag an ngrian
a luíonn a athair

chomh marbh le hart
faoin dtráth seo

One Morning

Bright and early
the sasquatch vanished
into the woods

shouting and hollering behind him

trees lined up quickly in his defence

Maidin Mhoch

Is teas ón ngréin
theith an sasquatch
isteach sa choill

liútar éatar á leanúint

sheas crainn go grod ina líne á chosaint

Answers

What creates thunder?
Horses' hooves
lightning?
Their eyes

FREAGRAÍ

Cad a chruthaíonn toirneach?
Crúba capall
tintreach?
A gcuid súl

Ferns

Sometimes he bathes
his feet in a clear stream
closely watching as ferns
send messages
swaying, becoming still
one must be alert

Raithneach

Uaireanta sánn sé a spága
i sruthán glé
an raithneach á scrúdú aige
is na teachtaireachtaí uaithi
luascach, ag éirí ciúin,
ní mór a bheith airdeallach

NOTHING

He awoke
looked around
saw nothing
but a disappearing world
waited long
until it conjured itself up once more
out of wisps

Faic

Dhúisigh sé
d'fhéach ina thimpeall
ní fhaca faic
ach domhan ag dul as
feitheamh fada fuar aige
gur nocht an domhan athuair
as an mbréid

THIRST

All the birds had left
jagged peaks
came to drink
from the lake

the sasquatch waited his turn

Tart

D'imigh na héin go léir
tháinig beanna spiacánacha
chun ól
as an loch

d'fhan an sasquatch lena uain

Loggers

Loggers came and went
the sasquatch has lost count
of all the trees he once knew
the woods are not the same without them
his own species,
trees, disappearing
from the face of the earth

Lománaithe

Tháinig lománaithe is d'imigh
níl áireamh ag an sasquatch
ar na crainn a raibh sé mór leo
níl na coillte mar a chéile ina n-éagmais
dála a speicis féin
crainn ag éag
ar fud na cruinne

Caverns

The moon enters
the caverns of his mind
searching for something
it cannot find

Cuasáin

Gabhann an ghealach isteach
i gcuasáin a aigne
sa tóir ar rud éigin
is gan teacht air

Reeds

The sasquatch
wades among reeds
the world is extraordinarily quiet
he hears nothing
but his heart slowing down

his breath
polishes the lake from shore to shore

GIOLCACH

Téann an sasquatch
ag spágáil sa ghiolcach
an domhan thar a bheith ciúin
ní chloiseann sé faic
ach a chroí ag moilliú

snasaíonn a anáil
an loch ó bhruach go bruach

Sasquatch Among Stars

What the sasquatch says to the stars
what they in turn whisper in his ear
let it remain between them

A secret known only to fireflies
dusk companions

SASQUATCH I MEASC RÉALTAÍ

An méid a deir an sasquatch leis na réaltaí
is iad siúd ar ais leis-sean i gcogar
fanadh sé eatarthu

Rún nach eol do neach ar bith seachas na lampróga
compánaigh an chróntrátha

It was Another Day of Climbing

Away from the world
woods climbing

clouds
for as far as the eye could see
foxgloves ever climbing

Lá Eile Dreapadóireachta Ab Ea É

Éalú ón domhan
na coillte ag dreapadh

scamaill
fad a radhairc uaidh ba léir dó
méiríní an phúca ag dreapadh de shíor

Rainbow

For a moment
the arc
seemed to him
like an eye
an eye that was looking at him
through which he saw

the real world

Bogha Síne

Ar feadh meandair
b'fhacthas dó
go mba gheall le súil í
an áirse
súil a bhí ag féachaint air
is trínar léir dó

an fíor-dhomhan

Geese Flying North

What is it they are saying
so urgently
with one voice
what is it they seek
are they looking for a realm
beyond this world
or did they find it long ago
is this the core of their great announcement

GÉANNA AG EITILT Ó THUAIDH

Cad tá acu á rá
chomh práinneach sin
d'aon ghuth
cad tá acu á lorg
bhfuil flaitheas uathu
lastall den domhan seo
nó an amhlaidh a thánadar air fadó
an é sin is brí lena mórfhógairt

DREAM

Is the world a dream
the sasquatch asks himself
is all this a dream?

Am I awake
who or what
is asking this?

Fully awake?

A moorcock calls

BRIONGLÓID

An brionglóid atá sa tsaol
a fhiafraíonn an sasquatch de féin
an brionglóid é seo go léir?

An bhfuilim im dhúiseacht
cé atá
cad atá ag cur na ceiste?

Im lándúiseacht?

Glaonn coileach fraoigh

OFFERINGS

Leaves of autumn
red and yellow
lying on stones
soon to be carried away by the river

offerings?

the river chuckles

Ofrálacha

Duilleoga an fhómhair
dearg is buí
ina luí ar chlocha
scuabfaidh an abhainn chun siúil ar ball iad

ofrálacha?

déanann an abhainn sclogaíl

Howl

There was ice
howl of wind

howl of wolf

the howl of wolf
was the howl of wind

the howl of wind
wolfhowl

Uaill

Bhí leac oighir ann
uaill na gaoithe

uaill an mhic tíre

ba í uaill na gaoithe í
uaill an mhic tíre

ba í uaill an mhic tíre í
uaill na gaoithe

HE

the last sasquatch
picked the last flowers
in the woods

knowing they would come again
foxgloves

Eisean

an sasquatch deireanach
stoith sé bláthanna deireanacha
na coille

a fhios aige go dtiocfaidís arís
méiríní púca

A Dream, Perhaps

Suddenly they appear
out of mist
what creatures are these

the sasquatch rubs his eyes

surely I dream them

will they flee
if they see me

swans

TAIBHREAMH, B'FHÉIDIR

Nochtaid go tobann
as ceo
cad iad féin na neacha seo

cuimlíonn an sasquatch a shúile

taibhreamh bí cinnte de

an dteithfidh siad
má fheiceann siad mé

ealaí

Eagle

One morning
an eagle appeared in the sky
spreading light
everywhere it flew
spreading light
scattering dark
all over the mountains
down into the valleys
an eagle
spreading the light

Fiolar

Maidin amháin
nocht fiolar sa spéir
ag leathadh an tsolais
gach áit inar eitil sé
ag leathadh an tsolais
an dorchadas á scaipeadh aige
ar fud na mbeann
thíos sa ghleann
fiolar
ag leathadh an tsolais

Waterfall

Wolves
bears
humans
other terrors

the roar of the waterfall
washes them all away

EAS

Faolchúnna
béir
daoine
sceimhle den sórt sin

scuabann búir an easa
iad go léir chun siúil

Lean On Me

Once, sensing a tree
was about to fall
lean on me, he whispered,
lean on me

Luigh Ormsa

Nuair a bhraith sé uair
go raibh crann ar tí titim
luigh ormsa, ar sé i gcogar,
luigh ormsa

Clouds are Bleeding

Clouds are bleeding
the earth grows dark
he is bleeding
he stanches the wound with cobwebs
who has taught him this?
light leaving the sky
faint as memory

NÉALTA AG CUR FOLA

Néalta ag cur fola
an domhan ag éirí dorcha
tá seisean ag cur fola
clúdaíonn sé an chneá le líon damháin alla
cé a mhúin é sin dó?
solas ag tréigean na spéire
mar chuimhní scáinte

Bird Flying into the Moon

For a second
the sasquatch thinks he is changing
into a bird
a human
a god

he looks down at his heavy feet

Éan ag Eitilt isteach sa Ghealach

Ar feadh soicind
is dóigh leis an sasquatch go bhfuil sé ag iompú
ina éan
ina dhuine
ina dhia

féachann sé síos ar a spága troma

Fences

When he first saw them
he didn't know
what they were

SCONSAÍ

Nuair a leag sé súil i dtosach
orthu níor thuig sé
cad ab ea iad

Autumn

Autumn
and the river turns to gold
the sasquatch has seen it all before
the world is an illusion
nothing lasts
his footprints vanish
his breath vanishes
there will be no trace of him
anywhere in this world
the heron of a short while ago
ripples have squirrelled her shadow away

Fómhar

Fómhar
agus tá an abhainn lonrach ina hór
é go léir feicthe cheana ag an sasquatch
is seachmall é an domhan
ní buan d'aon ní
imeoidh lorg a chos
imeoidh a anáil
ní bheidh rian de aon áit
ar fáil
corr éisc a bhí ann ó chianaibhín
ghoid cuilithíní a scáil

White Owl

A cloud became a white owl
the sasquatch longed to be something else
anything
anything but this shadow
on a bare mountain side

Ulchabhán Bán

Deineadh ulchabhán bán de scamall
an sasquatch ag tnúth go ndéanfaí rud eile de féin
aon rud in aon chor
seachas scáil
ar lorg lom an tsléibhe

Snowclad Mountains

They appear to him as ancestors
towering snowclad peaks
on a morning that would blind you –

sasquatches of old
leaving no trace behind:
the woods have sucked the marrow from their bones

BEANNA FAOI SHNEACHTA

Is geall lena shinsir roimhe iad
na beanna arda faoi shneachta
an mhaidin seo a dhallfadh thú –

na sasquatchanna a bhí ann fadó
is nár fhág aon rian ina ndiaidh:
sloganna na coillte an smúsach as a gcnámha

Moon Geese

Have they come straight out of the moon?
Are they returning now?
He longed to fly with them

honking leaves a cavity in the heart:
come, night,
fill it.

Géanna na Gealaí

An glan díreach amach as an ngealach a thánadar?
An ag filleadh ar an ngealach atá siad anois?
Theastaigh uaidh eitilt leo

fágann a nglór cuas ina chroí:
a oíche, tar
is líon é.

Tumbleweed

The sasquatch followed it
a raven called a warning
he fled
later he rested
on an old tree stump
it had some red mushrooms beneath it
peering at him

TOM ROTHLAIM

Lean an sasquatch é
thug fiach dubh rabhadh dó
theith sé
lig a scíth ar ball
ar sheanghrágán crainn
a raibh muisiriúin dhearga thíos faoi
is iad ag gliúcaíocht air

Duck

In a pond
she sees the sasquatch
from the corner of her eye

her lightness on the surface of the water

how she glides

is she helped by the wind?

LACHA

I linn
feiceann sí an sasquatch
as eireaball a súile

nach éadrom í ar chraiceann an uisce

maorga a seol

an ag cuidiú léi atá an ghaoth?

Fire

For three nights
he guarded it
nursed it
watched over it
sang to it

nodded off
the fire went out

dawn heard his howl
and the earth shuddered

Tine

Ar feadh trí oíche
chosain sé í
choigil í
á faire
chan sé di

thit néal air
chuaigh an tine in éag

breacadh an lae: liú
a bhain croitheadh as an gcruinne

Unbroken Silence

Could he but find words
how he would thank
the crows
whose voices filled
the air
it was they who celebrated at his bidding
they who keened
they who remained in unbroken silence

Tost Iomlán

Dá mbeadh na focail aige chuige
ghabhfadh sé buíochas ó chroí
leis na préacháin go léir
a líon an spéir
lena nglór
b'iad a dhein ceiliúradh thar a cheann
b'iad a chaoin
b'iad a d'fhan ina dtost iomlán.

Petroglyph

One day
he came across a petroglyph
in a canyon

and with a finger
traced the image
over and over again

Peitriglif

Tháinig sé lá
ar pheitriglif
i gcainneoin

rianaigh a mhéar
an íomhá
arís is arís eile

Illuminated Path

The sun bursts
through the woods
moss, leaves, ferns
have long been thirsting for it

rocks
lichen

unseen insects stir

the sasquatch beholds
an illuminated path
who or what has walked this way before?

Conair Gheal

Scalann an ghrian amach
ar fud na coille
caonach, duilleoga, raithneach
is íota le fada orthu chuige

carraigeacha
léicean

corraíonn feithidí dofheicthe

féachann an sasquatch
ar an gconair gheal
cé nó cad a shiúil an tslí seo cheana?

Starless Night

Starless night
a scarecrow is singing
the sasquatch to sleep

Oíche Iata

Oíche iata
fear bréige ag canadh
an sasquatch chun suain

A River in Time

Where does it come from
where does it go?
how long must he follow it?
the sasquatch does not know.
in the far distance
skies glow.

where does it come from
where does it go?

PART TWO

CUID A DÓ

ON LOOKING INTO THE EYES OF A DEER

You pause to look at me
and ask not what I am
and because you do not flee
our gaze melts

I now know something more of what I am

Ar Fhéachaint Dom Isteach i Súile Fia

Stopann tú chun breathnú orm
ní fhiafraíonn tú cad tá ionam
agus toisc nach dteitheann tú
leánn ár bhféachaint

tuiscint bhreise anois agam don neach atá ionam

Clouds Gather

And begin to reveal
my face, my body, limbs from past lives
scars

birth and death
birth and death again and again

now the sky clears:
I know I shall be born no more

Cruinníonn Néalta

Is tosaíd ar m'aghaidh, mo cholainn, géaga
ó shaolta roimhe seo a nochtadh
coilm

breith is bás
breith is bás arís is arís eile

glanann an spéir
is tuigim nach saolófar arís go deo mé

Untroubled Pines in the Water

I straighten my back
to be like them
to be with them
untroubled pines in the water

Giúiseanna Neamhchorraithe san Uisce

Dírím mo dhroim
le bheith mar iad
le bheith leo
giúiseanna neamhchorraithe san uisce

THE FLOWERS SING

Is it only I
that can hear their song?
Flowers sing
even when trod upon
singing flowers!

Canann na Bláthanna

An mise amháin
a chloiseann an t-amhrán?
Canann bláthanna
fiú nuair a shatlaítear orthu
bláthanna ag canadh!

I Am

The wind running
Running Wind
I am the rain falling
Falling Rain
I am the pine sighing
Sighing Pine
I am the grass growing
Growing Grass
I am the stars dancing
Dancing Stars
I am the snow coming
Coming Snow
I am the silence gathering
Gathering Silence
The silence without
and within

Is Mé

An ghaoth ag rith
Rith na Gaoithe
Is mé an bháisteach ag titim
Titim na Báistí
Is mé an ghiúis ag osnaíl
Osnaíl na Giúise
Is mé an féar ag fás
Fás an Fhéir
Is mé na réaltaí ag damhsa
Damhsa na Réaltaí
Is mé an sneachta ag teacht
Teacht an tSneachta
Is mé an tost ag tolgadh
Tolgadh an Tosta
An tost amuigh
is istigh

Light

Light moving
light spreading
light everywhere
light inside me
light streaming
streaming from me

Solas

Solas ag gluaiseacht
solas á leathadh
solas i ngach aon bhall
solas istigh ionam
solas ag sceitheadh
ag sceitheadh asam

The Sky

The precious sky
has come down
come down to embrace me
smother me with its fragrance

all day long
I lie in lavender

An Spéir

An spéir bhreá
tagtha anuas
tagtha anuas chun barróg a bhreith orm
mé a bhá ina cuid cumhrachta

an lá ar fad
mé im luí sa labhandar

Shadows

Shadows that move across the lake
no longer threaten to turn into snakes
or demons
mere shadows
night's clothing

all things wrapped up
in One

SCÁTHANNA

Scáthanna a ghluaiseann chugam an loch anall
níl aon bhaol go n-iompóidh ina nathracha
ina ndeamhain
scáthanna, sin uile,
feisteas na hoíche

an uile ní cuachta suas
san Aon

A Heart No Longer Pounding with Fear

I watch the bee
and learn to find sweetness
in the world

in the nearest blossom

in the depths of my own heart

Croí Nach bPreabann Le Teann Eagla Níos Mó

Bím ag faire ar an mbeach
is foghlaimím conas milseacht a aimsiú
sa tsaol seo

sa bhachlóg láimh liom

i nduibheagán mo chroí féinig

If I Could Go

If I could go with you
where would you bring me
evening sun
where do you go
do you go into darkness
then, come, take me with you
darkness I know
darkness I can show you

Dá bhFéadfainn Dul Leat

Dá bhféadfainn dul leat
cá dtabharfá mé
a ghrian ag dul fé
cá bhfuil do thriall
isteach sa dorchadas
beir leat mé mar sin
dorchadas is eol dom
léireodsa dorchadas duit

Blue Silences

Clouds moving across clear blue waters
drawing him away
out of this world
out of himself
away
into blue silences
silences stretching over silences bluer still
stretching to breaking point

his spirit's blue flame dancing in the waters
in the sky

TOSTANNA GORMA

Néalta ag gluaiseacht na huiscí gorma glé anonn
á tharraingt i gcéin
amach as an saol
amach as féin
i gcéin
isteach sna tostanna gorma
tostanna a shíneann thar thostanna níos goirme fós
go dtí an pointe briste

lasair ghorm a anama ag rince san uisce
sa spéir

About the Author

Gabriel Rosenstock is the author/translator of over 160 books, including 13 volumes of poetry and a volume of haiku in Irish and in English. Among his books are *Selected Poems/Rogha Dánta* (Cló Iar-Chonnachta, 2005) *Bliain an Bhandé/Year of the Goddess* (Dedalus, 2007), *Uttering Her Name* (Salmon Poetry, 2009), and *My Head is Missing* (Original Writing, 2012). Prose work includes fiction, essays in *The Irish Times,* radio plays and travel writing. A member of Aosdána (the Irish Academy of Arts), he has given readings in Europe, South, Central and North America, India, Australia, Japan and has been published in leading international journals including *Akzente, Neue Rundschau,* and *die horen* (Germany), *Poetry* (Chicago), *World Haiku Review, Irish Pages, Poetry Ireland Review* and *Sirena.*

He has brought out Irish-language versions and translations of plays by Beckett, Frisch and Yeats and the poetry of Francisco X. Alarcón, Seamus Heaney, Rabindranath Tagore, Günter Grass, amongst others. He is the Irish translator of numerous films and TV shows including *Watership Down* and *The Muppet Show.* He has given readings at major festivals, including Berlin, Bremen, Struga (Macedonia), Vilenica (Slovenia), Medellín, Ars Poetica (Slovakia), Hyderabad and twice at the nomadic Kritya festival in India. Rosenstock taught haiku at the Schule für Dichtung (Poetry Academy) in Vienna. Among his awards is the Tamgha I Kidmat medal for services to literature.

Acknowledgements

Some of these poems were first aired on RTÉ's *Sunday Miscellany* and can be heard on its archive. A few have also appeared on the website of Poetry Chaikhana.